GEORGES NIEL

LE PAYSAGE

AU SALON DE 1857

PRIX : 50 CENTIMES

PARIS

LIBRAIRIE D'ALPHONSE TARIDE

2, RUE DE MARENGO.

1857

LE PAYSAGE

AU SALON DE 1857.

Paris — Impr. De Soye et Bouchet, 2, place du Panthéon.

GEORGES NIEL

LE PAYSAGE

AU SALON DE 1857

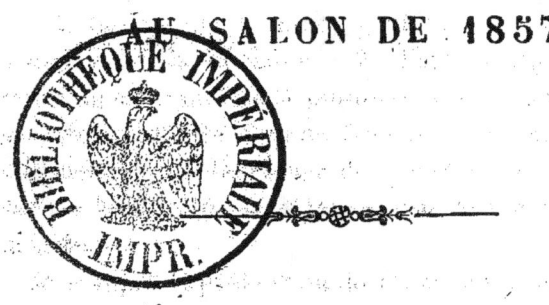

PARIS

LIBRAIRIE D'ALPHONSE TARIDE

2, RUE DE MARENGO.

—

1857

La critique et le jury ont été peu justes pour les paysagistes. — C'est tout au plus si l'on s'est occupé d'eux. La critique a inondé ses feuilletons de gémissements sur la décadence de l'art, d'appréciations faites au courant de la plume et où la camaraderie montre souvent le bout de l'oreille. C'est la mode de commencer par fabriquer de mensongères louanges sur ses amis, et de sacrifier le reste aux morsures de la bête.

Je n'ai pas la prétention de réparer un oubli, mais je cherche à relever une erreur.

On accorde aux paysagistes, même de talent, une estime qui ne nous paraît pas ce qu'elle doit être. Leurs œuvres charment, chacun est d'accord sur ce point; mais s'il y a une récompense, une préférence à donner, on la porte volontiers sur l'œuvre médiocre d'un peintre d'histoire ou de genre.

Il est convenu depuis longtemps que le paysage tient rang après le genre historique, et c'est devenu un article de foi. Notre pays, où l'on prononce le mot *classique* avec mépris, est celui de la routine, on n'y déracine un préjugé qu'avec la plus grande difficulté, et chacun a en soi l'étoffe d'un académicien.

Le paysage est un genre facile ! — Voilà le mot lâché et l'erreur établie.

La grande peinture avec son déploiement de couleurs, de formes, d'étoffes, par ses sujets même, attire mieux l'œil qu'un petit coin de la nature, tout inondé de poésie qu'il soit. C'est donc la chose la plus commune que d'apprécier Paul Véronèse, la grâce divine de Raphaël ; le génie saute aux yeux du premier coup, il prend à la gorge, et ne vous laisse pas aller plus loin. Mais s'arrêter devant Ruysdael, passer une heure à respirer le grand air d'une de ses admirables pages, voilà pour moi la pierre de touche de l'artiste.

Je le dis hautement, il faut avoir l'âme délicate pour apprécier autant un Claude Lorrain, un Ruysdael, qu'un Rubens. Et un peintre de paysages a autant de difficultés à surmonter qu'un peintre d'histoire. La violette a autant coûté de peines à Dieu que la plus belle des fleurs :

L'insecte vaut un monde, ils ont autant coûté.

Il faut que le paysagiste soit sublime dans une toile de 30, avec un nuage, un arbre ! Il faut qu'il soit doué des qualités les plus sensibles de l'esprit, des dons de l'art les plus rares. Il doit avoir la clef des secrets de la nature, la poésie, et celle du métier, la couleur.

Quel charme de pinceau et d'imagination il faut posséder pour traduire un de ces innombrables chefs-

d'œuvre que la nature nous offre à chaque pas! Je
l'aime et je l'admire celui qui seul, la boîte à couleurs sur le dos, s'en va retracer sur une toile le ciel,
l'eau, le moindre bout de verdure. Il comprend qu'il
n'y a pas d'amour plus rempli, et qui soit à même
de donner de plus grandes satisfactions que la nature. C'est une jouissance indéfinie, qui tient de
l'extase, et qu'un mot ou un coup de pinceau peut
expliquer; mais le pinceau ou la plume doivent être
tenus par une main de génie.

Où la lumière, cette source vivante de l'art, pro-
duit-elle ses effets les plus variés, si ce n'est en plein
air, en pleins champs pour parler plus franchement?
Là libre, et sans frein, elle inonde, pénètre, fouille
les bois, les herbes, dore les blés, emprisme les horizons; elle se joue avec tout ce qui la heurte, et
donne souvent à l'objet le plus vulgaire, à un simple
champ, un aspect qui n'est pas loin de vous charmer.
Le paysagiste est obligé de l'étudier dans toutes ses
actions, ses caprices et ses fantaisies; il faut qu'il
s'identifie à elle, et qu'elle le pénètre entièrement.

Eh quoi! il serait plus élevé de peindre un groupe
de zouaves qu'un soleil couchant, que la mer?

Je l'avoue, *le Printemps* de Daubigny m'impres-
sionne plus que les horreurs de la *Prise de Malakoff*.
Et si la peinture religieuse et historique semble à
l'Exposition, tomber bien près de la décadence, le
paysage est là pour sauver l'Ecole française, et lui
maintenir le rang qu'elle occupe.

La passion de la nature est devenue, pour les
paysagistes d'aujourd'hui, la foi, la religion, qui sou-

tenaient les grands maîtres de l'Italie. Ce sont de fervents prosélytes qui demandent à lire couramment dans son grand livre, et à nous en donner une traduction fidèle; car ils sentent bien maintenant toute la perfection du modèle dans ses plus petits recoins. Ne nous est-il pas arrivé à tous en une belle matinée, alors que le soleil irise la campagne de ses premiers rayons, d'être émus à la vue d'une simple haie d'églantiers scintillante de rosée? Cette impression si douce, nous ne l'oublions jamais; dans nos jours de chagrin, elle nous revient à l'esprit comme une brise de mai. Oh! si nous avions pu la fixer sur la toile, comme elle serait le tableau de notre alcôve, celui qui nous donne le premier baiser du matin!

Et l'on voudrait prouver que la copie servile même, de la nature, n'agrandit pas le cerveau de l'homme, qu'elle n'atteint pas les sommets les plus élevés de l'idéal!

Le beau n'est que l'idéal rêvé par toutes les belles imaginations; l'idéal est le vrai, et le vrai n'est jamais l'ouvrage de l'homme, mais de Dieu.

Nous ne pouvons pas avoir de plus grand maître.

DAUBIGNY

« Que de fois fatigué, ahuri par ce millier de toiles insignifiantes qui ornent les murs de l'Exposition, je suis venu me retremper devant l'un des paysages de Daubigny ! Je les retrouvais avec le même bonheur que le voyageur découvre l'oasis dans le désert, j'y respirais cet air frais et pur qui vivifie et rend la santé, et je me relevais aussi bien refait qu'après un long séjour à la campagne.

Je ne connais pas d'âme plus fine, plus délicate, de poète plus humain que Daubigny. C'est le peintre du printemps. Il aime la nature alors que la feuille est à sa première pousse, lorsque le rossignol donne sa première note, lorsque l'herbe est humide, lorsque tout, enfin, exhale ce parfum de jeunesse qui fait presque aimer la vie. Lui seul sait peindre la feuille naissante, le blé dans sa verdeur, la mousse, le bluet, le coquelicot, les fleurs printanières. Il affectionne les petits chemins, l'allée écartée, le fond du bois ; il préfère l'étang endormi aux eaux tumul-

tueuses du fleuve. Les moindres particularités de la
nature lui sont familières; ces mille riens qui im-
pressionnent tant le rêveur solitaire, l'insecte dans
l'herbe, l'oiseau qui gazouille, la pie qui vole de branche en branche; toute cette vie sans cesse animée
et grouillante, il la laisse toujoursdeviner.

Près de ses étangs, j'écoute la grenouille qui
croasse; dans les joncs niche le martin-pêcheur, la
couleuvre n'est pas loin, l'ablette est à fleur d'eau,
les libellules voltigent au soleil.

Toute la donnée du talent de Daubigny est dans
une bien petite eau-forte qui est un chef-d'œuvre.
Il a gravé le bord d'un chemin où l'herbe pousse à
peine, quelques arbres l'ombragent; les bourgeons
n'attendent qu'un jour de chaleur pour s'ouvrir entièrement; une multitude d'oiseaux inondent les
branches; ils sont réunis là pour chanter en chœur
le premier jour du printemps. On entend leurs go-
siers qui vocalisent à l'unisson, leur joie est grande,
ils secouent leurs ailes, cabriolent; déjà l'amour
apporté par une brise printanière s'est glissé parmi
eux.

Ce poëme est peu de chose; rien de plus simple
et de plus touchant. Je suis sûr que c'est une des
œuvres les plus chères à M. Daubigny.

Personne plus que nous n'a suivi ce maître, nous
l'avons aimé dès le début. Pour le connaître, nous
n'avons pas attendu que le succès finît enfin par le
consacrer, et nous lui payons aujourd'hui le tribut
que nous devons aux douces heures qu'il nous a fait
passer. Nous l'aimons d'autant plus que sa vie a été

semée de luttes et marquée par le sceau de la per-
sévérance. Avouons-le, même, nous sommes heureux des difficultés, des obstacles que Daubigny a eu
à surmonter ; c'est à eux qu'il doit la plénitude de
talent à laquelle il est arrivé aujourd'hui. Si le public l'avait accueilli, il y a quelques années, avec
trop d'ardeur, la main de l'artiste non encore affer-
mie aurait peut-être faibli. Il nous donnait alors
ses premières impressions; elles débordaient de son
pinceau, et il les esquissait sur la toile avec la fougue
d'un jeune poëte; mais il lui manquait cette fermeté
de touche, cette précision que nous allons admirer
dans *la Vallée d'Aptevoz*, *le Printemps*, etc.

Il a acquis les qualités matérielles de l'art, sans
perdre les dons de la jeunesse.

Il a toujours vingt ans.

J'arrive aux quatre chefs-d'œuvre qui figurent à
l'Exposition. Par lequel commencer? l'impression
n'est pas moins forte devant l'un que devant l'autre.

Comme l'œil se repose doucement sur *le Printemps* !
Comme l'on voudrait pénétrer dans cette toile!
Quelle impression! quelle vérité! La nature est
toute verte, tout en fleurs. La fauvette chante dans
le pommier, la rosée pend à la fleur, le coquelicot
pousse dans le blé, l'herbe est tendre; le ciel est
bleu clair, de petits nuages le parcourent; c'est la
renaissance, la résurrection. Le hanneton bour-
donne, la tourterelle roucoule son discours monotone,
et je vois là-bas deux têtes qui s'unissent dans un
premier baiser.

Ce tableau évoque tout un monde de souvenirs

et de jouissances ; on ne peut le quitter, on le regarde et on le regarde encore.

Beaucoup de gens se moqueront, peut-être, de cette admiration pour un paysage, pour des arbres, une fleur, tant pis ! Par ce temps où le Crédit mobilier est tout, on est mal venu et presque ridicule de parler ainsi, je le sais, et je me voue volontiers au ridicule.

Ce monde se caractérise bien par la réflexion d'une dame mise avec l'élégance la plus distinguée, englobée de crinoline et de soie, du meilleur ton, à la main finement gantée. Ses yeux charbonnés et pleins de langueur, de fatigue et d'ennui, se portèrent sur *le Printemps* de Daubigny, sa bouche se plissa de dédain, et rejetant son binocle : *Ce monsieur veut nous mettre au vert !*

Passons!

Le Soleil couchant n'est pas moins beau que *le Printemps*. Il est d'une harmonie qui fait croire que Daubigny a le pouvoir de transporter ses modèles dans le cadre.

Vous vous rappelez la campagne le soir, après une chaude journée d'été, lorsque le jour va disparaître : l'horizon est encore rouge des feux du couchant, le silence est dans la nature, l'oiseau est muet, on entend seulement le chant du laboureur ou le biniou du pâtre, les moutons reviennent en soufflant à l'étable ; tout à l'heure la nuit va venir et tout s'endormira.

On est d'autant plus ému que ce tableau nous est familier; nous l'avons vu un jour que nous nous étions attardé dans les champs, et nous y retrouvons tous les détails qui nous avaient frappé. Ce vaste silence, ce sommeil qui se répand sur les arbres, alourdit les horizons ; la terre même, tout est endormi. Le moindre bruit effraie alors, on écoute ses pas, et il semble que les esprits nocturnes marchent à vos côtés.

Dans l'*Allée de peupliers*, il y a une science qui a étonné tous les gens du métier ; Daubigny a fait des études de terrain qui sont poussées à l'extrême. L'herbe frissonne, les gradations, les ombres portées s'unissent avec une vérité étonnante. Et tout cela est peint avec une simplicité de procédés, qui n'appartient qu'au maître. Sans empâter, il donne le relief ; il n'arrête pas la ligne, et l'air se fond avec elle. Le vent fait plier la tige des peupliers, et j'entends ce bruissement des feuille, qui ressemble au mugissement lointain de la mer.

Les maîtres de Daubigny sont J. J. Rousseau et Bernardin de Saint-Pierre ; comme eux il est un amant de la nature, et il illustre ce que ces deux grands hommes ont écrit.

Avec des hommes de ce génie la critique n'est pas permise, il faut les prendre tels qu'ils sont ; car une fois leur impression couchée sur le papier ou sur la toile, ils n'y reviennent plus. Je dis cela parce qu'en matière de critique le lecteur aime peu la louange, et que du reste c'est une arme difficile à manier. Pour moi, il ne suffit pas de chercher ce qui manque à un artiste, le but est de le faire comprendre, de le faire aimer.

J'avoue que je mêle difficilement la critique à l'admiration, un défaut chez un homme que j'aime, me perce comme un coup de poignard. Devant une œuvre de Daubigny je n'ai pas cette crainte, ma satisfaction est complète.

Jetez vos yeux sur *la Vallée d'Aptevoz*, je n'y découvre rien que le génie, même dans le plus petit brin d'herbe. J'avoue que l'expression me manque pour faire comprendre le charme que l'on ressent devant ces eaux dormantes et limpides, bordées de joncs et de silences, et où le nénuphar étend ses larges feuilles. Le site qui les entoure est plein de grandeur, et la nature y a mis tout son style ; c'est la vallée du repos.

Dans toutes les toiles de Daubigny on voit le promeneur solitaire ; il a rêvé longtemps dans les endroits qu'il retrace. Il nous rend ses impressions comme un poëte, chaque touche est un hémistiche, et il vous fait venir à l'esprit comme un son cadencé et harmonieux.

C'est avant tout un grand poëte.

MM. FRANÇAIS, ACHARD, LAMBINET, BLIN, MARCEL, DE PENNE, CHAIGNEAU, DE COCK, BRENDEL, DESJOBERT.

L'Exposition se fermera, et quelques personnes seulement auront vu les paysagistes. On passait devant sans même les regarder ; la moindre niaiserie Pompadour attirait davantage.

Je l'ai faite souvent, cette promenade, et solitaire je puis le dire. Que de jolis coins, que d'œuvres charmantes et inaperçues j'ai rencontrés ! C'était un petit point de vue, une mare, un buisson, une garenne, où toujours j'ai trouvé une impression délicieuse de la nature.

Que de fois j'ai rêvé, sur les bords de l'Oise, de M. Achard ! Combien j'ai admiré la grande vue d'hiver de M. Français ! Blin, Marcel, Chaigneau, de Penne, Brendel, tous noms inconnus pour le public, et qui avaient apporté des œuvres assez belles pour établir, en un autre temps, la réputation d'un artiste.

Tous sont mus par la même tendance, la réhabili-
tation de la nature. Si ce n'est point la même main
qui a peint, c'est le même esprit qui a guidé. Chacun choisit l'effet, le moment, le site qui parle le
mieux à son instinct. Les uns peignent avec esprit,
Lambinet, Desjobert; les autres avec âme, Blin,
Achard, mais jamais le modèle ne s'écarte de leurs
yeux.

Ils nous promènent tantôt dans un paysage sau-
vage et abrupt, tantôt ils nous offrent une allée
tranquille et sous bois qui invite à la rêverie ou au
repos. Celui-ci aime les vastes horizons, celui-là arrête le regard sur la lisière d'une forêt, le bord si-
lencieux d'une rivière. Ici la fantaisie de la Touraine
et de la Loire, la richesse du Dauphiné; là, la mé-
lancolie bretonne et la tristesse maladive de la So-
logne. Enfin ce n'est plus une nature de convention,
je vois de l'eau, de vrais ciels, des arbres pleins d'air
et de lumière; c'est bien la nature du bon Dieu. Le
vert, cette tendre couleur du printemps, est résolu-
ment abordé; le grand pas est fait.

Il n'est pas un de ces paysagistes devant lequel on
ne soit impressionné; on aurait mauvaise grâce à
comparer leurs délicieux poëmes aux produits pho-
tographiques.

La photographie a la sécheresse d'un plan, on y
sent la mort; la main de l'homme, la création, sont
absentes. L'harmonie est détruite, la lumière brisée
par l'instrument. Ce qui fuit dans les lointains se
détache grossièrement; il y a mille petits effets que

la photographie ne peut saisir. On ne photographiera jamais l'air.

La nature est simple dans ses effets, elle indique légèrement, les teintes se fondent et s'harmonisent; dans ses plus grandes hardiesses elle ne blesse jamais l'œil, elle l'enchante toujours. Le grand mérite de nos paysagistes est d'avoir compris cela.

ROUSSEAU, COROT

Tout a été dit sur ces artistes, et je me résumerai en quelques lignes.

Corot est un homme qui se souvient. Il ne peint pas d'après nature, mais d'après souvenir. Il est comme une personne qui aurait entendu dans sa jeunesse un morceau de Mozart, et qui en aurait retenu toute sa vie les notes les plus agréables. Certains effets, un moment, une heure, l'ont frappé et l'émeuvent sans cesse. Mais quel talent, quel style il faut avoir pour redonner toujours le même motif, et que le charme ne faiblisse pas! N'est-il pas des vers que nous aimons à répéter? Tous les ans nous revoyons Corot, et nous regretterions de ne plus trouver celui que nous avons connu.

Corot, si je puis m'exprimer ainsi, possède la quintessence de la nature.

Rousseau recherche la difficulté, il la prend corps à corps, il la suit et ne la quitte que vaincue. Pour lui, la poésie n'est rien; le rendu, le fini est tout. Il anatomise le paysage, il compte le grain de la feuille, et par la science, il arrive presque à égaler le poëte.

MILLET, BRETON, HÉDOUIN, COURBET

Le mot ridicule de réalisme effraie beaucoup de gens ; par là ils entendent la peinture du laid ou du vulgaire. M. Courbet et le réalisme se sont identifiés, et le rusé Franc-Comtois s'est volontiers paré du titre de pontife. C'est une usurpation, car personne n'est moins réaliste que lui, étant donné que le réalisme est la peinture du vrai (on ne m'objectera pas que le beau et l'idéal sont étrangers au vrai). Un peintre d'histoire doit être aussi réaliste qu'un peintre de genre ou de paysages. Les artistes qui peuvent se parer du titre de réalistes, se nomment Millet, Lebreton, Troyon, Luminais, Trayer, de Cock, etc. Ceux-ci ont compris que l'art s'égarait dans les routes de la manière, du clinquant et du pastiche ; ils ont suivi l'exemple des maîtres, et ils ont voulu se retremper aux sources de la vérité. C'est une nouvelle école qui brise résolûment avec le passé, cherche ses inspirations en elle-même et veut être française.

Mais on aura beau dire, nos villes tumultueuses me
paraissent plus prêter aux moralistes, aux caricatu-
ristes (Gavarni sera le peintre le plus vrai de l'époque),
qu'au peintre. Nous n'avons rien de grand dans nos
mœurs; elles sont simples, pétries de petits intérêts,
toutes mécaniques, et l'on ne trouverait des inspirations que dans la corruption même.

C'est donc seulement à la campagne, au milieu des
mœurs jeunes encore de nos paysans, que l'on peut
rencontrer des types offrant le caractère nécessaire
pour inspirer l'artiste. Et, qu'on en soit bien certain,
il n'y a rien, dans cette étude de la vie des champs,
qui puisse abaisser l'art, c'est au contraire sa porte
de salut. Elle redonnera aux imaginations la foi, la
vigueur et la santé.

MM. Millet, Hédouin, Breton, ne sont donc pas, à
proprement parler, des paysagistes ; mais les êtres
qu'ils nous dépeignent vivant en plein air, le paysage
étant le cadre de leurs actions, ils nous appartien-
nent par ce côté.

On ne contestera pas une grande élévation à la
peinture des *Trois Glaneuses* de M. Millet. Toute
sobre qu'est cette composition, elle est empreinte
d'un style très-élevé. Nous retrouvons le peintre pen-
seur du *Greffeur*.

Le champ est vaste, la journée lourde, temps de
moisson ; je vois là-bas des charrettes chargées de
riches récoltes, et sur le devant trois glaneuses
cherchant leur vie dans les quelques pailles oubliées.
Leur butin est maigre, mais leur fatigue est grande ;
le corps ne se ploie plus avec abandon, la dé-

marche est lente, cadencée; on souffre pour elles.

Ces trois femmes sont sculptées comme l'antique, sous la cote on sent des formes athlétiques, un sang généreux et pur. Elles ne sont pas belles, mais elles feraient pâlir une petite-maîtresse, car elles vivent.

M. Millet n'est pas doué des qualités matérielles de l'art, comme M. Breton ; mais cette couleur sombre qui lui est particulière, augmente encore la beauté de son œuvre. Figurez-vous, à côté de ces trois misérables femmes, une nature rutilante, et l'effet était manqué. M. Millet parle surtout à l'esprit.

M. Breton a un pinceau plus éclatant, il est coloriste dans toute la force du terme. Sa *Bénédiction des blés* est un chef-d'œuvre d'harmonie, et la lumière y est jetée à pleins rayons de soleil. Aussi a-t-il obtenu un succès qui n'est réservé à M. Millet que dans l'avenir.

Quelque indifférent que l'on soit, ce n'est pas sans une certaine émotion que l'on voit se dérouler, au milieu de riches moissons mûries par un soleil bienfaisant, cette procession de jeunes filles vêtues de blanc, portant une sainte Vierge en plâtre grossier, ces marguilliers en veste noire, le cierge à la main, toute cette population pieusement agenouillée, et suivant de loin. On entend avec plaisir résonner la cloche du village, dont on aperçoit au loin le clocher, et dont les sons se mêlent aux voix des chantres.

M. Breton prouve bien que pour traduire la nature avec facilité, il faut être poëte. Les figures de ses personnages sont soigneusement étudiées, et les physionomies parlent toutes.

M. Hédouin n'a pas le même sentiment que M. Breton, il est avant tout coloriste, et il se plaît dans les tumultes de la couleur.

Le Paysage de ses *Glaneuses à Chambaudoin* est d'un effet saisissant et dramatique. Et du reste, quels drames plus grandioses que ceux où les éléments sont en jeu, et prêtant plus aux contrastes du pinceau?

Les glaneuses ont été surprises par l'orage ; de grosses nuées noires portant le tonnerre et la grêle s'amoncellent, le vent du sud souffle et annonce la tempête, les nuages se heurtent et bientôt la foudre éclatera. Les femmes et les enfants fuient, emportant à la hâte le butin de la journée.

Dans tous les ouragans il est un moment où personne ne peut se défendre d'un sentiment vague de terreur, le vent se déchaîne avec violence, l'oiseau fuit à tire-d'ailes, l'hirondelle rase la terre, les arbres plient et crient, des tourbillons de poussière s'élèvent comme de hautes colonnes et parcourent la campagne, et les éclairs seuls redonnent un peu de lumière. M. Hédouin a bien rendu cela.

Pour M. Courbet la vie est toute matérielle, il voit l'enveloppe et non l'âme, et cette enveloppe il la rend avec adresse, mais sans la comprendre, sans la fouiller.

Il fait un portrait, c'est bien le masque, et non le caractère. Il peint un paysage, sans en choisir le site ; tout est bon, un mur, un fossé, et il oubliera le peu de poésie qu'il y aura dans ce mur ou ce fossé. On s'écrie : Voilà qui est bien rendu et on n'est point charmé, malgré l'accent de vérité.

On ne pouvait pas trouver un site plus heureux
que les bords de la Loue; mais à cette nature luxu-
riante, M. Courbet a donné un aspect terne qui lui en-
lève tout son charme. La lumière manque, l'air est
absent, on y étouffe.

Cependant M. Courbet est avant tout paysagiste;
car dans un autre genre il ne s'élèvera jamais
plus haut qu'il ne l'a fait jusqu'à présent. Dans dix
ans j'ai tout lieu de croire que nous le retrouverons
ce qu'il est aujourd'hui, ce qu'il était hier, le peintre
des *Demoiselles des bords de la Seine.*

UN DERNIER MOT

Ce petit travail faisait partie d'un volume qui devait paraître sur le Salon, mais qui est resté dans les limbes.

Cependant malgré son exiguïté, j'espère avoir fait ressortir nettement les tendances de la nouvelle Ecole.

Et si j'ai tant insisté sur M. Daubigny, c'est qu'il me paraît la caractériser entièrement.

Mon but n'était point de donner une critique individuelle sur tous les artistes qui s'appellent paysagistes, mais une vue d'ensemble sur ceux qui peignent des paysages.

On m'excusera d'avoir tant parlé de la nature, c'est un mot qui n'est pas à la mode aujourd'hui, mais on y reviendra.

Paris. — Impr. DE SOYE et BOUCHET, 2, place du Panthéon